Valentina Salmaso / Giuliana Barzon

DU BIST UNS GESCHENKT

Das Babyalbum
mit Segenswünschen
aus der Bibel

HIER FOTO EINKLEBEN!

Tyrolia-Verlag . Innsbruck-Wien

WIDMUNG

Dieses Buch wurde ....

von .... geschenkt.

Sei besorgt um deinen Namen; denn er begleitet dich treuer als tausend kostbare Schätze. Die Tage deines Lebens sind gezählt, dein Name bleibt ewig. Jesus Sirach 41,12-13

ENDLICH BIST DU GEBOREN

Dein Name sagt auch etwas über dein Wesen aus. Wir haben ihn für dich gewählt, weil er uns an jemanden erinnert, den wir gernhaben. Und sein Klang hat uns gefallen. Er hat auch eine Bedeutung und wir hoffen, dass diese auch auf dich zutrifft. Schon vor deiner Geburt haben wir dich manchmal bei deinem Namen gerufen und uns vorgestellt, wie du uns in deinem Wasserreich mit einem Blubbern antwortest.

DER TAG DEINER GEBURT

Den Tag deiner Geburt werden wir nie vergessen. Das Warten hat ein Ende und wir können dich in die Arme schließen. Ob es Tag ist oder Nacht, spielt jetzt keine Rolle mehr: Du bist da, nur das zählt. Obwohl wir müde sind und etwas mitgenommen, bleiben wir wach und hören nicht auf, dich zu betrachten.
Endlich können wir dich berühren und liebkosen: Wo warst du nur die ganze Zeit über?

Du hast mein Innerstes
mich gewoben im Mutterleib. Ich danke dir, dass du mich so wunderbar gestaltet hast. Psalm 139,13-14

ALLE SOLLEN ES ERFAHREN

Kaum warst du auf der Welt,
hat Papa gleich alle anrufen wollen:
zuerst deine Omas und Opas,
dann deine Onkel und Tanten ...
Papa hat in seinem Leben schon
tausend Mal telefoniert,
aber so stolz und glücklich
hat er noch nie geklungen.
Schön seist du, hat er gesagt,
ganz zart, gesund – und so friedlich,
wenn du in seinen Armen liegst.

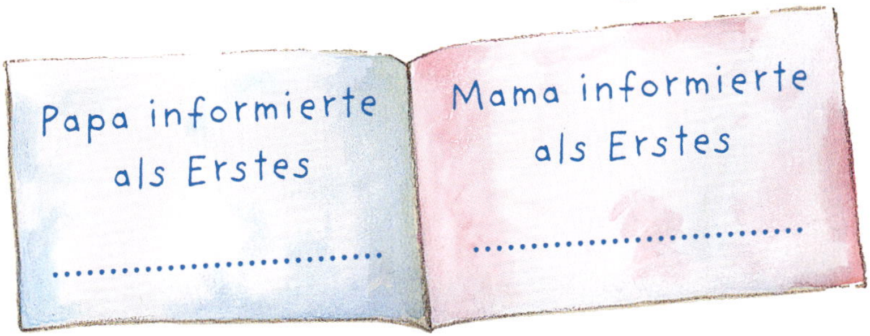

hast den Menschen nur wenig geringer gemacht als Gott und mit Ehre und Herrlichkeit gekrönt. Psalm 8,6

FÜR DICH SORGEN

☐ Du nimmst die Brust

☐ Du trinkst vom Fläschchen

Du bist in einer neuen Welt und lernst die Brust
von Mama und die Hände von Papa kennen.
Jetzt können wir für dich sorgen und dich ernähren.
Wie oft haben wir uns dabei in die Augen geschaut!
Und ich habe mich dabei gefragt, was dein Blick
wohl sagen will, was du mir wohl sagen willst.

Du kanntest mich schon, als ich im Verborgenen erschaffen wurde. Deine Augen sahen, wie ich entstand, und in deinem Buch war alles eingetragen.
Psalm 139, 15-16

ENDLICH DAHEIM!

Wir wohnen in ....

Daheim erwartet dich: ....

....

Zu dritt im Auto: Mama, Papa und du. Unsere erste gemeinsame Fahrt, vom Krankenhaus nach Hause, in dein Zuhause. Vor ein paar Tagen ging die Fahrt eilig und hektisch in entgegengesetzte Richtung. Jetzt können wir gemütlich fahren und doch können wir es kaum erwarten, dir dein Zuhause zu zeigen.

Wie viele Wunder hast du für uns getan, mein Gott, und welche Pläne du mit uns hast!
Niemand kommt dir gleich und es ist zu viel, um es zählen und davonerzählen zu können. Psalm 40,6

ZU GAST BEI DIR

Der erste Besuch war ....

Dein erstes Geschenk war ....

Du bist jetzt ein Teil unseres Lebens.
Und alle unsere Freunde wollen dich sehen. Wie viele Anrufe,
E-Mails und SMS, wie viele Besuche, neugierige und glückliche Blicke:
„Ganz der Vater“ – „Nein, ganz die Mutter“ –
„Aber die Augen ...“ – „... und die Nase ist nach der Oma“.
Es macht uns stolz, dass du unser Kind bist, ein Geschöpf,
in dem ein Teil von uns lebt.

Du krönst das Jahr mit deiner Güte, Überfluss kennzeichnet deinen Weg. Psalm 65,12

MEINE SPUREN

← Mein Fußabdruck

Wenn ich deine kleinen Füße betrachte, kann ich mir kaum vorstellen, dass sie dich einmal tragen können. Sie sind so weich und gekrümmt – und so sensibel, wenn ich dich kitzle.
Wie stark sind dagegen deine kleinen Hände! Kaum spüren sie meine Hand, ergreifen sie einen Finger und lassen ihn nicht mehr los.

Der Herr hat mir Kraft verliehen und einen festen Schritt. Er lässt mich wie Hirsche springen und sicher stehen auf der Anhöhe. Psalm 18,33-34

Das sind meine Hände

MEIN ERSTES BAD

Datum ....

☐ Es hat mir sehr gefallen

☐ Ich habe laut geweint

Die Hebammen im Krankenhaus hatten keine Mühe, dich zu waschen. Jeder Handgriff saß. Wir zu Hause sind unsicher: Ob wir dir wohl nicht weh tun? Wir halten dich ganz fest, wenn wir dich ins Wasser legen, du zappelst und strampelst, platschst und spritzt. Getrocknet, frisch gewickelt und gesalbt schaust du uns mit großen Augen an. Du scheinst glücklich. Geschafft!

te Gewänder, zog dir Lederschuhe an und schmückte dich. Ezechiel 16,9-11

MEIN WEINEN

- [ ] Ich weine viel
- [ ] Ich weine in der Nacht
- [ ] Ich weine am Tag

Es ist alles andere als leicht, dein Weinen zu ertragen. Wir laufen sofort, wenn wir dich hören. Mal hilft ein Streicheln, mal nehmen wir dich auf den Arm. Mal hast du Hunger und manchmal hilft ein Spaziergang. Aber dann hilft wieder gar nichts, um dich zu beruhigen ... Was können wir nur für dich tun?

DU HAS
N. SAMMLE MEINE TRÄNEN IN EINEM KRUG UND ZEICHNE SIE AUF IN DEINEM BUCH. PSALM 56,9

… UND MEIN ERSTES LÄCHELN

Das erste Mal gelächelt habe ich ....

Ich lächle, wenn ....

Wie schön! Seit Wochen hoffen wir, dass du auf unser Lächeln,
auf das Kitzeln und auf unsere Grimassen reagierst.
Und endlich ist es da, dein erstes Lächeln!
Dein Lächeln ist wie ein frischer Septembermorgen,
wie der erste Sonnenstrahl nach einem Gewitter,
wie Weihnachten und Ostern zugleich.

Deinen
Mund wird er
mit Lachen füllen
und deine Lippen
mit Jubel.
|Job 8,21

SCHLAFEN

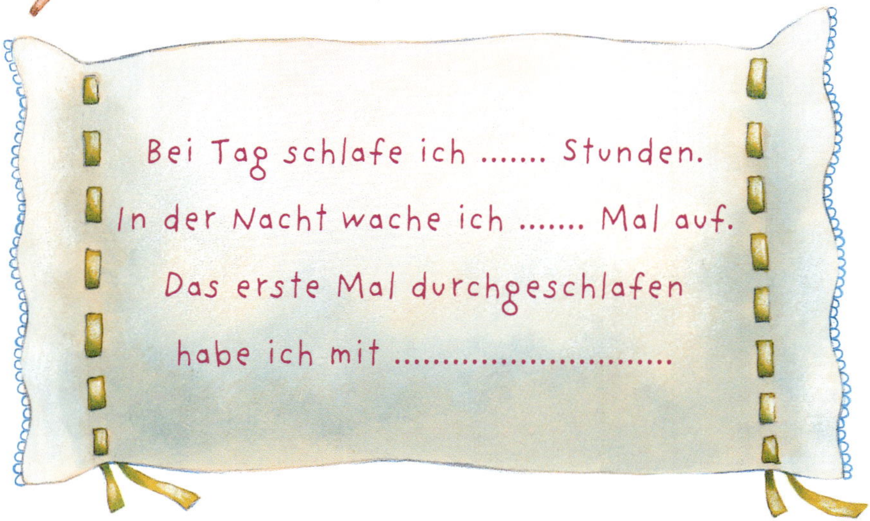

Wie oft waren wir mitten in der Nacht wach,
Papa und ich. Und in der Früh müde.
Schlaftrunken sind wir in den Tag gestolpert.
Aber welchen Frieden du ausstrahlst, wenn du im Schlaf ruhig atmest!
Wenn wir dich dann betrachten, sind wir froh,
dass Gott auf dich schaut.

Wenn du dich zur Ruhe legst, brauchst du dich nicht fürchten. Dein Schlaf wird süss sein. Sprichwörter 3,24

DIE TAUFE

Vater im Himmel, wir danken dir für dieses Kind.
Schenke uns die Liebe, die Kraft und die Geduld,
um für unser Kind zu sorgen und es ins Leben zu begleiten.
Du kennst uns, du weißt, dass wir mal begeistert und voller Elan sind,
dann wieder nervös und unsicher, mit leeren Batterien.
Halte deine Hand über unser Kind.
Beschütze vor allem seine Seele, sein Innerstes, das dir gehört.
Schenke Zuversicht in der Angst und Freude am Leben.

Der Herr sprach
zu mir:
„Du bist mein Kind,
ich habe dich
heute gezeugt.“
Psalm 2,7

Bibliografische Information Der Deutschen Nationalbibliothek
Die Deutsche Nationalbibliothek verzeichnet diese Publikation in der Deutschen Nationalbibliografie; detaillierte bibliografische Daten sind im Internet über http://dnb.d-nb.de abrufbar.

Titel der italienischen Originalausgabe: Sei nato/Sei nata
Auswahl der Bibelstellen: Alberto Vela
Übersetzung: Gottfried Kompatscher
Druck und Bindung: Athesia-Tyrolia Druck, Innsbruck
ISBN 978-3-7022-3062-3
E-Mail: buchverlag@tyrolia.at
Internet: www.tyrolia-verlag.at